O Tesouro do Pequeno Pianista

O Sonho do Principiante

Elaborado por
Mário Mascarenhas

Peças Infantis
para Piano

Para Crianças
desde 5 anos

N° Cat.: 187-A

Irmãos Vitale Editores Ltda.
vitale.com.br
Rua Raposo Tavares, 85 São Paulo SP
CEP: 04704-110 editora@vitale.com.br Tel.: 11 5081-9499

© Copyright 1971 by Irmãos Vitale Editores Ltda. - São Paulo - Rio de Janeiro - Brasil.
Todos os direitos autorais reservados para todos os países. *All rights reserved*.

Dados Internacionais de Catalogação na Publicação (CIP)
(Câmara Brasileira do Livro, SP, Brasil)

Mascarenhas, Mário
　　O tesouro do pequeno pianista : o sonho do jovem pianista / Mário Mascarenhas ; capa e ilustrações Buth. -- São Paulo : Irmãos Vitale, 1997.

ISBN n° 85-85188-50-2
ISBN n° 978-85-85188-50-4

1. Piano - Estudo e ensino   I. Buth   II. Título.

97-1789   CDD- 786.207

Indices para catálogo sistemático:

1. Piano : Estudo e ensino : Música   786.207

HOMENAGEM

Ofereço esta obra, com o mais profundo reconhecimento, à ilustre professora Belmira Cardoso, do Conservatório Brasileiro de Música, que, com seus sólidos conhecimentos da arte pianística, e grande experiência didática, colaborou na escolha das peças e na revisão do dedilhado.

MÁRIO MASCARENHAS

PREFÁCIO

Com imenso entusiasmo elaborei este livro, "O Tesouro do Pequeno Pianista", pensando naqueles que iniciam, com tanto ardor e esperança, o estudo deste belíssimo instrumento, que é o piano.

De fato, há muita falta de músicas de dificuldade acessível aos que principiam, e os Professores ficam preocupados em encontrar material desta natureza para indicarem a seus alunos. Se bem que seja de suma importância todos os estudos e mecanismo dos grandes mestres já consagrados, os principiantes encontram nesta coleção, algo diferente, fácil, que eles possam se deleitar, executando tão conhecidas peças, apoiados apenas nos seus pequenos recursos técnicos.

Neste livro, eles se familiarizam com as melodias e temas dos grandes compositores, preparando a sensibilidade artística para a música erudita.

As peças foram facilitadas ao máximo, com intervalos de pequena extensão dos dedos da mão esquerda, bem como, sem colocar os acordes muito afastados dos baixos.

Apesar de todas as adaptações serem bem simplificadas, procurei realçar as melodias e temas para que eles as compreendessem bem.

As músicas contidas neste livro são na verdade, de grande beleza, porém, se tivessem de ser executadas tal qual os originais, eles não conseguiriam. Então, por que não dar-lhes o prazer de tocá-las agora?

Creio eu, que esta obra será um grande estímulo para os iniciantes, que, pouco a pouco, ao avançarem nos seus conhecimentos pianísticos, poderão executar suas melodias preferidas, pelos originais, tal qual como foram escritas pelos seus autores.

MÁRIO MASCARENHAS

Índice

	Pág.
A CASINHA PEQUENINA - Canção Brasileira	27
A ESTRELINHA QUE CORRE - Mário Mascarenhas	44
A TRISTEZA E A ALEGRIA - Mário Mascarenhas	46
ACH, DU LIEBER AUGUSTIN - Canção Alemã	24
ALLEGRO - W. A. Mozart	86
ALOUETTE (A Cotovia) - Folclore	12
ANDANTE CANTABILE - P. Tschaikowiski	56
AU CLAIR DE LA LUNE - Folclore Francês	21
AVE MARIA - Meditação - C. Gounod	78
BERCEUSE - Canção de Ninar - J. Brahms	53
BOI DA CARA PRETA - Folclore Brasileiro	10
CAN-CAN - Jacques Offenbach	58
CANÇÃO DO TOUREADOR - Da Ópera Carmen - G. Bizet	61
CAPRICE - Niccolo Paganini	75
CAPRICHO ITALIANO - Folclore Italiano	29
CARNAVAL DE VENEZA - Folclore Italiano	23
CEREJEIRAS EM FLOR - Folclore Japonês	17
CIELITO LINDO - Folclore Mexicano	28
CLAIR DE LUNE - Claude Debussy (Facilitado)	84
DAISY BELL - Folclore Americano	13
DANÇA DOS PEQUENOS CISNES - P. Tschaikowski	81
DANÇA SLAVA - A. Dvořák	70
DU, DU LIEGST MIR, HERZEN - Canção Alemã	11
ESPAÑA - Valsa - Émile Waldteufel	102
FRÈRE JACQUES - Folclore Francês	19
GREENSLEEVES - Anônimo Século XVIII	76
HABANERA - G. Bizet	96
HOME ON THE RANGE - Folclore Americano	22
HUMORESQUE - A. Dvořák	64
JINGLE BELLS - Folclore Americano	34
LA DONNA E MOBILE - G. Verdi	60
LA PALOMA - De Yradier	72
LE BON ROI DAGOBERT - Folclore Francês	15
LONG, LONG, AGO - Canção Americana	18
MARCHA MILITAR - F. Schubert	68
MARCHA NUPCIAL - F. Mendelssohn	50
MARCHA NUPCIAL - R. Wagner	51
MARCHA SLAVA - P. Tschaikowski	71

	Pág.
MARCHA TRIUNFAL - Da Ópera Aída de Verdi	90
MARCHA TURCA - W. A. Mozart	98
MIMOSA - Mário Mascarenhas	40
MY BONNYE - Folclore Americano	26
NOITE FELIZ - Franz Gruber	7
NESTA RUA MORA UM ANJO - Folclore Brasileiro	80
NOTURNO - Opus 9 N° 2 - F. Chopin	55
O BIFE - De Lulli	74
O GUARANI - A. C. Gomes	104
O REGATO - F. Schubert	87
OH! MINAS GERAIS - Vieni Sul Mar - Canção Italiana	30
OH! SUSANNA - Canção Americana	35
OLD FRENCH SONG - P. Tschaikowski	91
OLHOS NEGROS - Canção Russa	20
ONDAS DO DANÚBIO - Valsa - I. Ivanovici	38
ONDE ESTÁ MEU CACHORRINHO? - Canção Americana	9
OS PATINADORES - Valsa - Emil Waldteufel	106
PINHEIRINHO AGRESTE - Folclore Alemão	8
POUR ELISE - L. Van Beethoven	62
PRELÚDIO - Opus 28 N° 7 - F. Chopin	57
QUEM INVENTOU A PARTIDA - Folclore Português	25
RECORDAÇÕES DA INFÂNCIA - M. Mascarenhas	100
RED RIVER VALLEY - Folclore Americano	32
RÊVE D'AMOUR - Sonho de Amor - F. Liszt	82
REVÉRIE - R. Schumann	69
SANTA LUCIA - Canção Italiana	88
SAUDADE - Folclore Chinês	16
SERENATA - F. Schubert	66
SOBRE AS ONDAS - Valsa - J. Rosas	36
SUR LE PONT D'AVIGNON - Folclore Francês	14
TESORO MIO - E. Becucci	48
TRISTESSE - F. Chopin	94
TRAVIATA (Valsa do Brinde) - G. Verdi	92
TUDO FLORESCE EM MAIO - Canção Alemã	77
VALSA - J. Brahms	52
VALSA - Opus 34 N° 2 - F. Chopin	54
VALSA DA DESPEDIDA - Robert Burns	33
VIRA - Folclore Português	42

ÓPERA INFANTIL
O MILAGRE DAS ROSAS
EM 3 ATOS

O autor colocou neste livro duas peças retiradas da Ópera Infantil em 3 atos "O Milagre das Rosas", de sua autoria. Esta ópera foi estreada em Maceió, Estado de Alagoas em 21-11-1968, no Teatro Deodoro, e devido ao grande sucesso alcançado, foi colocada uma placa de bronze no "hall" do teatro em homenagem ao seu autor, Mário Mascarenhas.

Foi montada e ensaiada pela Prof.ª de canto e arte dramática Maria Aída Wucherer e os números musicais foram acompanhados pela exímia pianista e Prof.ª Maria Augusta Monteiro e orquestra. O elenco foi constituído unicamente pelos alunos do Colégio Imaculada Conceição. Com o apoio do Departamento de Difusão Cultural da Secretaria de Educação e Cultura de Alagoas, os espetáculos foram em homenagem à primeira dama do Estado, D. Marina Braga Lamenha.

Em 12 de dezembro de 1969, patrocinada pelo Governo do Estado do Rio de Janeiro, Governador Dr. Geremias de Mattos Fontes, através do Departamento de Difusão e Cultura da Secretaria de Educação e Cultura, diretor poeta Gastão Neves, foi montada a ópera com 120 crianças, (soldados, mendigos, povo e bailarinos). Os elementos juvenis constavam de soprano, tenor, barítono e do coral dos pequenos cantores de La Salle do Instituto Abel de Niterói, dirigidos pelo Irmão Paulo e Santinha Morais. O corpo de ballet composto de 40 alunas da Prof.ª Juliana Yanakiewa, foi ensaiado pela própria professora, a quem ficou o cargo de direção geral e "mis-en-scène". Os músicos contavam elementos da Orquestra do Teatro Municipal do Rio de Janeiro, sob a direção do Maestro Pereira dos Santos. Após os 6 espetáculos no Teatro Municipal de Niterói, a ópera estreou no Teatro Municipal do Rio de Janeiro, em 3 aplaudidíssimos espetáculos. Em seguida, convidados pelo D.D. Ministro do Tribunal de Contas, Dr. José Romero, foi levada em cena no auditório do próprio Tribunal.

A ópera viajou por diversas cidades, com extraordinário êxito. "O Milagre das Rosas", se baseia na história de Santa Isabel, rainha de Portugal, esposa de D. Diniz. Estava Santa Izabel distribuindo pães e moedas aos pobres, quando veio inesperadamente D. Diniz, que lhe havia censurado a prodigalidade. Pedindo-lhe que abrisse o avental, que ela dizia conter flores, os pães e moedas que ali estavam, com surpresa, foram transformados em rosas!

Os Editores

Noite feliz

FRANZ GRUBER

Letra Alemã de
JOSEPH MOHR

Letra de
MÁRIO MASCARENHAS

1. Stille Nacht! Heilige Nacht!
Alles schläft, einsam wacht,
Nur das traute, hoch heilige
Holder Knabe mit lockigem Haar,
Schlaf' in himmlischer Ruh',
Schlaf' in himmlischer Ruh'.

2. Stille Nacht! Heilige Nacht!
Hirtemerst Kund gemacht
Durch der Engel Haleluia
Tönt es laut von fern und nah':
Christ, der Retter, ist da,
Christ, der Retter, ist da!

3. Stille Nacht! heilige Nacht!
Gottes Sohn, o wie lacht
Lieb aus deinem göttlichen Mund,
Da uns schlägt die rettende Stund',
Christ, in deiner Geburt,
Christ, in deiner Geburt!

Pinheirinho agreste

(O Tannenbaum)

Música de
ERNEST ANSCHUTZ

Letra de
MÁRIO MASCARENHAS

1. O Tannenbaum, O Tannenbaum!
   Wie treu sind deine Blätter!
   Du grunst nicht nur zur Sommerzeit
   Nein, auch im Winter, wenn es schneit,
   O Tannenbaum, O Tannenbaum!
   Wie treu sind deine Blätter!

2. O Tannenbaum, O Tannenbaum!
   Du kannst mir sehr gefallen!
   Wie oft hat nicht zur Weihnachtszeit
   Ein Baum von dir mich hoch erfreut!
   O Tannenbaum, O Tannenbaum!
   Du kannst mir sehr gefallen!

3. O Tannenbaum, O Tannanbaum!
   Dein Kleid will mir was lehren:
   Die Hoffnung und Bestandigkeit
   Giebet Trost und Kraft zu jeder Zeit!
   O Tannenbaum, O Tannanbaum!
   Dein Kleid will mir was lehren.

Onde está meu cachorrinho?

(Where is my dog?)

CANÇÃO AMERICANA

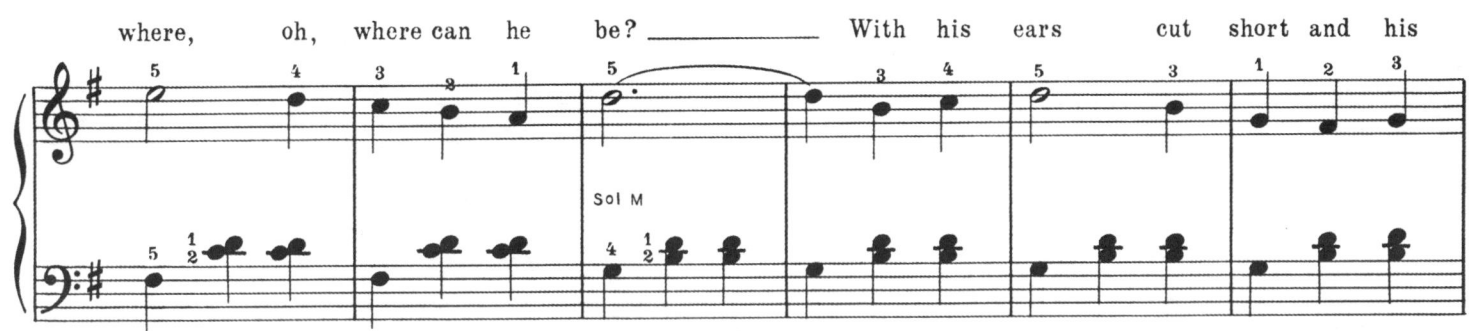

Oh, where, oh, where is my little dog gone?
Oh, where, oh, where can he be?
With his ears cut short and his tail cut long
Oh, where, oh, where can he be?

Boi da cara preta

FOLCLORE ITALIANO

C
Boi, boi, boi,
G7
Boi da cara preta
Vem pegar o nenén
C
Que tem medo de careta.

C   C7   F
Não, não, não
Fm   C
Não pega ele não
G7
Ele é bonitinho
C
Ele chora, coitadinho.

Du, du liegst mir im herzen

(Você é meu amor)

FOLCLORE ALEMÃO

2. So, so wie ich dich liebe
so, so lieb auch mich!
Die, die zärtlichsten Trieb
füll ich allein nur für dich!
Ja, ja...

3. Doch, doch darf ich dir trauen,
dir, dir mit leichtem Sinn?
Du, du darfst auf mich bauen.
weißt ja, wie gut ich dir bin!
Ja, ja...

4. Und, und wenn in der Ferne
dir, dir mein Bild erscheint,
dann, dann wünscht ich so gerne,
daß uns die Liebe vereint!
Ja, ja...

Alouette

(A Cotovia)

FOLCLORE DO CANADÁ

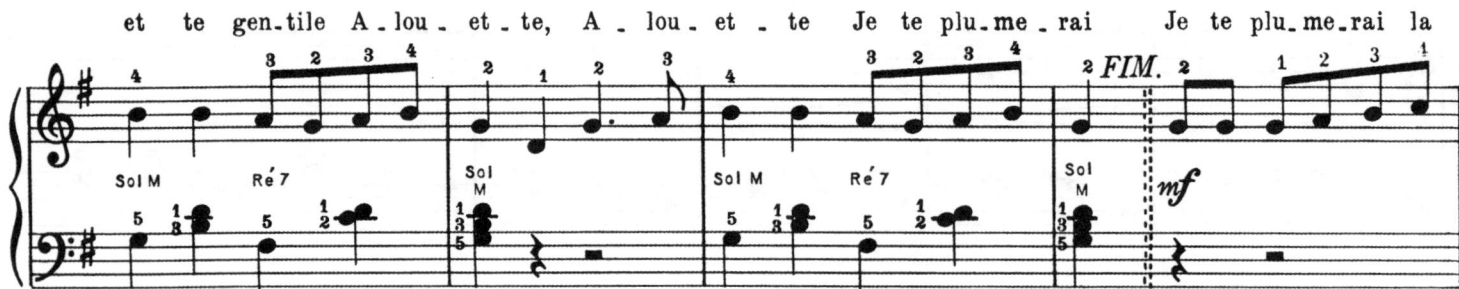

3. Alouette, gentile Alouette
   Alouette, je te plumerai,
   Je te plumerai le nez,
   Je te plumerai le nez
   Et le nez, et le nez.
   Alouette, Alouette.

4. Alouette, gentile Alouette
   Alouette, je te plumerai,
   Je te plumerai le dos,
   Je te plumerai le dos
   Et le dos, et le dos.
   Alouette, Alouette.

Daisy bell

(Bicicleta para dois)

CANÇÃO AMERICANA

Sur le pont d'avignon

FOLCLORE FRANCÊS

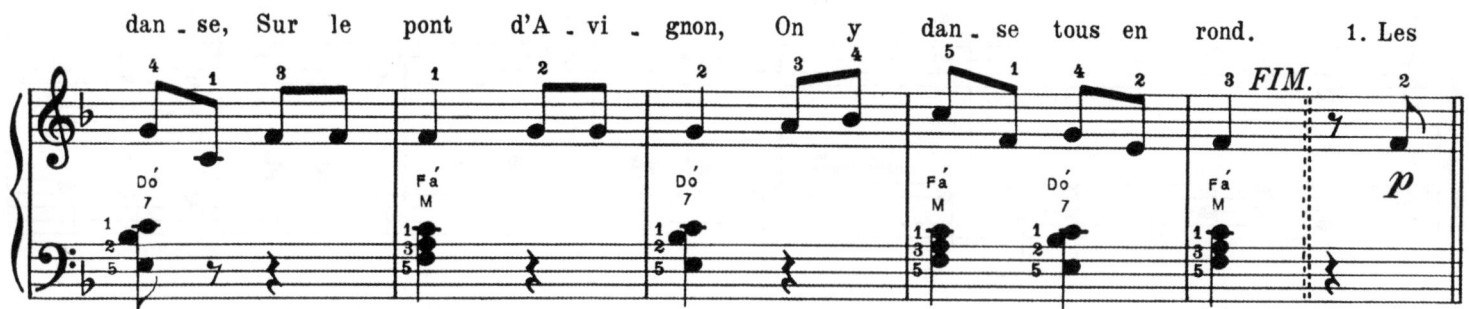

1. Les beaux messieurs font comm' ça...   (*Geste de saluer.*)
   Et puis encor' comm' ça...   (*Autre salut.*)

2. Les belles dam's font comm' ça...   (*Révérence.*)
   Et puis encor' comm' ça...   (*Autre révérence.*)

3. Les menuisiers font comm' ça...
   Et puis encor' comm' ça...   (*Geste de scier du bois.*)

4. Les musiciens font comm' ça...   (*Geste de joer d'un
   Et puis encor' comm' ça...   instrument.*)

5. Les blanchisseus's font comm' ça...   (*Geste de battre le linge et
   Et puis encor' comm' ça...   de le laver.*)

Le bon roi Dagobert

FOLCLORE FRANCÊS

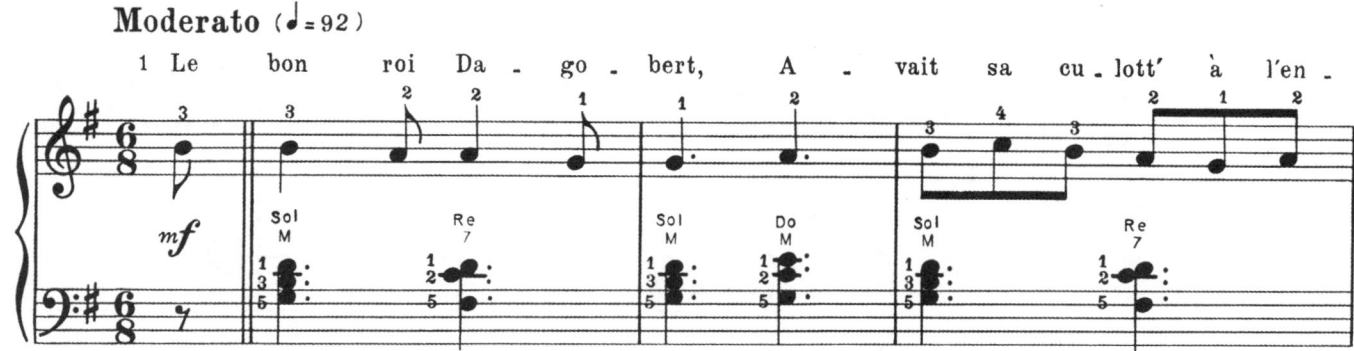

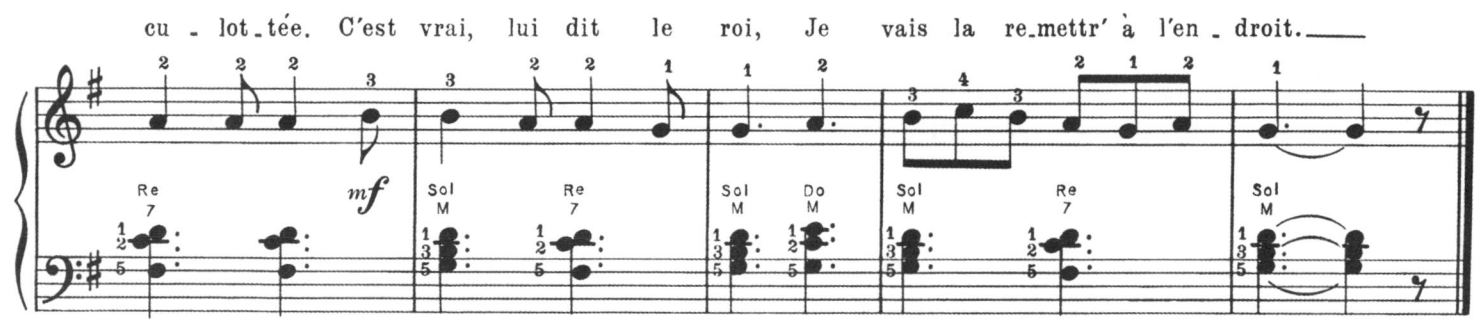

2. Le bon roi Dagobert,
   Avait un grand sabre de fer.
   Le grand saint Eloi
   Lui dit: « O mon roi!
   Votre Majesté
   Pourrait se blesser.
   — C'est vrai, lui dit le roi,
   Qu'on me donne un sabre de bois. »

3. Le bon roi Dagobert,
   Sa battait à tort, à travers
   Le grand saint Eloi
   Lui dit: « O mon roi!
   Votre Majesté
   Se fera tuer.
   — C'est vrai, lui dit le roi,
   Mets-toi bien vite devant moi. »

4. Quand Dagobert mourut,
   Le diable aussitôt accourut.
   Le grand saint Eloi
   Lui dit: « O mon roi!
   Satan va passer,
   Faut vous confesser.
   — Helás! dit le bon roi,
   Ne pourrais-tu mourir pour moi. »

Saudade

FOLCLORE CHINÊS

Cerejeiras em flor

FOLCLORE JAPONÊS

櫻

さくら さくら
彌生のさくらは
見渡す限り
かすみか雲か
にほひぞ出づる
いざやいざや
見に行かむ

咲いたさくら
花見てもどろ
吉野はさくら
龍田はもみぢ
唐崎の松
常盤々々
いざ行かむ

Long, long ago

CANÇÃO AMERICANA

Frère Jacques

FOLCLORE FRANCÊS

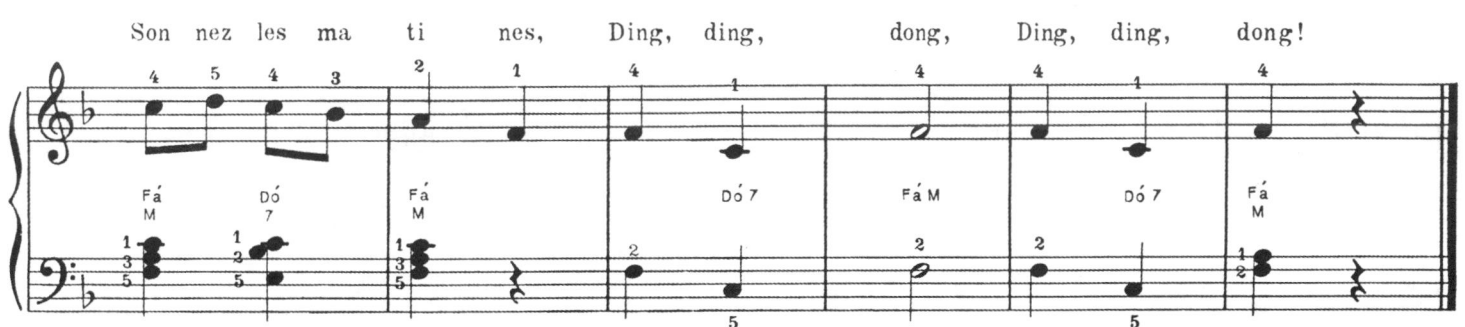

Frère Jacques, Frère Jacques,
Dormez vous? Dormez vous?
Sonnez les matines,
Sonnez les matines,
Ding, ding, dong,
Ding, ding, dong!

19

Olhos negros

CANÇÃO RUSSA

Au clair de la lune

FOLCLORE FRANCÊS

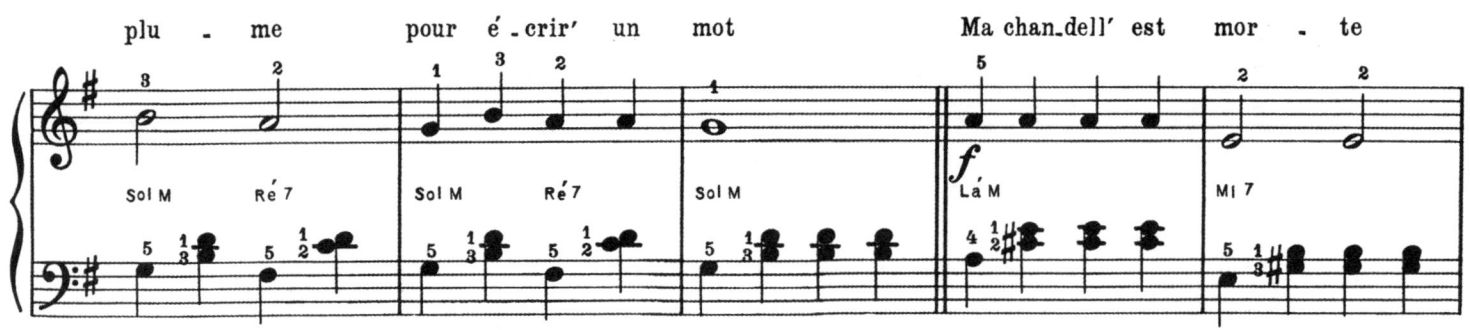

2. Au clair de la lune,
Pierrot répondit:
« Je n'ai pas de plume,
Je suis dans mon lit.
Va chez la voisine,
Je crois qu'elle y est,
Car, dans sa cuisine,
On bat le briquet. »

Home on the range

FOLCLORE AMERICANO

Carnaval de Veneza

FOLCLORE ITALIANO

Ach, du lieber Augustin

CANÇÃO ALEMÃ

Ach, du lieber Augustin, Augustin, Augustin
Ach, du lieber Augustin, alles ist hin.
Geld ist weg, Mädel ist weg,
Augustin fällt in'n Dreck.
Ach, du lieber Augustin, alles ist hin.

Quem inventou a partida?

FOLCLORE PORTUGUÊS

My Bonnie

FOLCLORE AMERICANO

A casinha pequenina

CANÇÃO BRASILEIRA

Cielito lindo

QUIRINO MENDOZA y CORTÉS

Capricho italiano

(Tema)

FOLCLORE ITALIANO

Oh! Minas Gerais!

(Vieni Sul Mar)

VALSA

Red River Valley

(O Vale do Rio Vermelho)

FOLCLORE AMERICANO

Valsa da despedida

ROBERTS BURNS

Jingle Bells

CANÇÃO DE NATAL

Oh! Susanna

CANÇÃO AMERICANA

Sobre as ondas

(Valsa)

J. ROSAS

Dó M
Dó M
FIM
mf
Do M
Sol 7
Dó M
p
Lá 7
Ré m
mf
Sol 7
Dó M
Sol 7
rall.
p
Dó M
Dó M
D. C. até Fim

Ondas do Danúbio

(Valsa)

I. IVANOVICI

39

Mimosa

(Valsinha)

MÁRIO MASCARENHAS

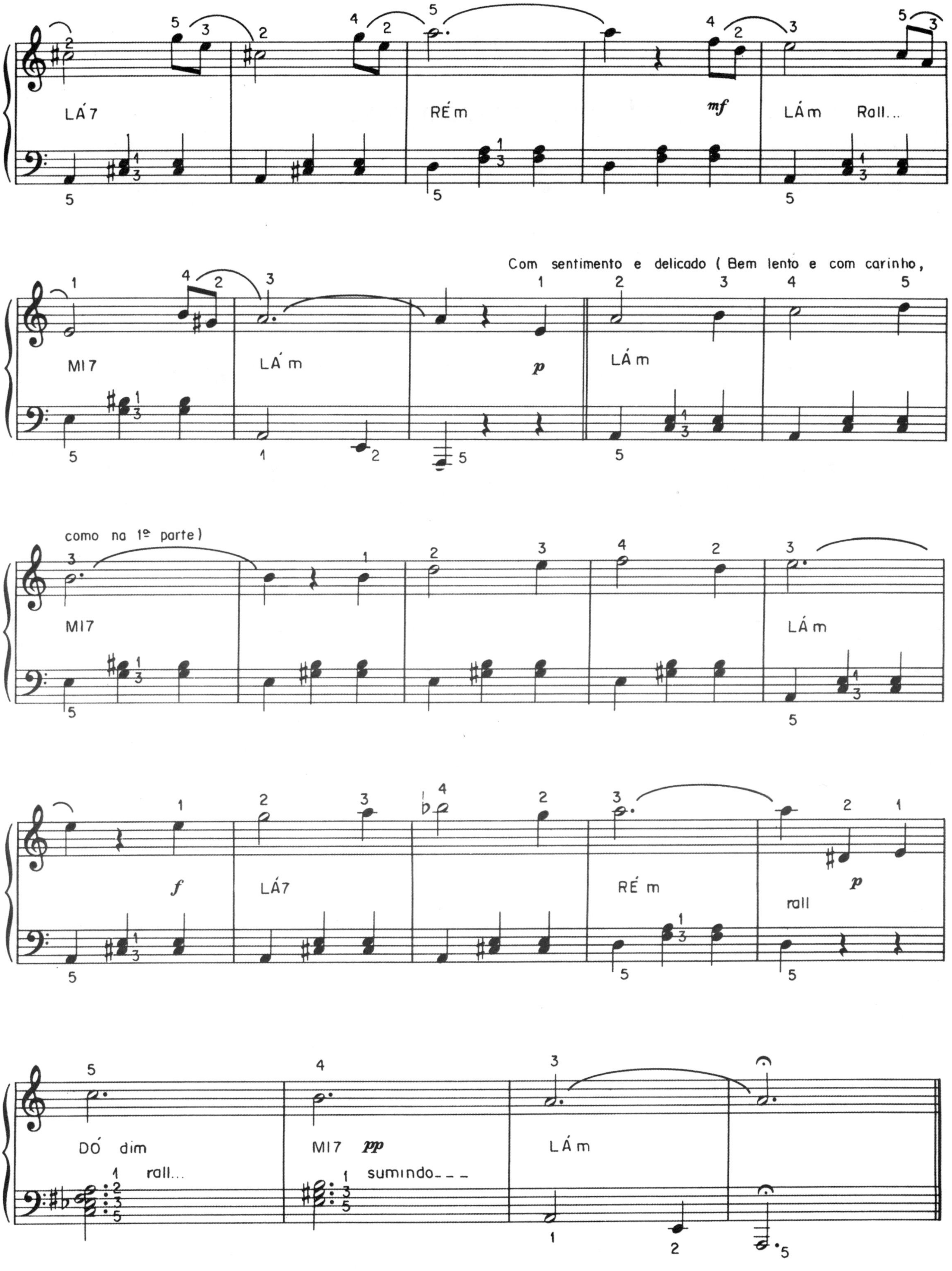
LÁ7
RÉm
mf
LÁm
Rall...
MI7
LÁm
p
Com sentimento e delicado (Bem lento e com carinho, como na 1ª parte)
LÁm
MI7
LÁm
f
LÁ7
RÉ m
p
rall
DÓ dim
rall...
MI7
pp
sumindo- - -
LÁm

Vira

FOLCLORE PORTUGUÊS

Re´m
Sol m
Re´m
La´7
Re´m
f
La´7
Re´m
La´7
Re´m
affret.
La´7
Re´m
La´7
Re´ m
La 7
Re´ m

A estrelinha que corre

MÁRIO MASCARENHAS

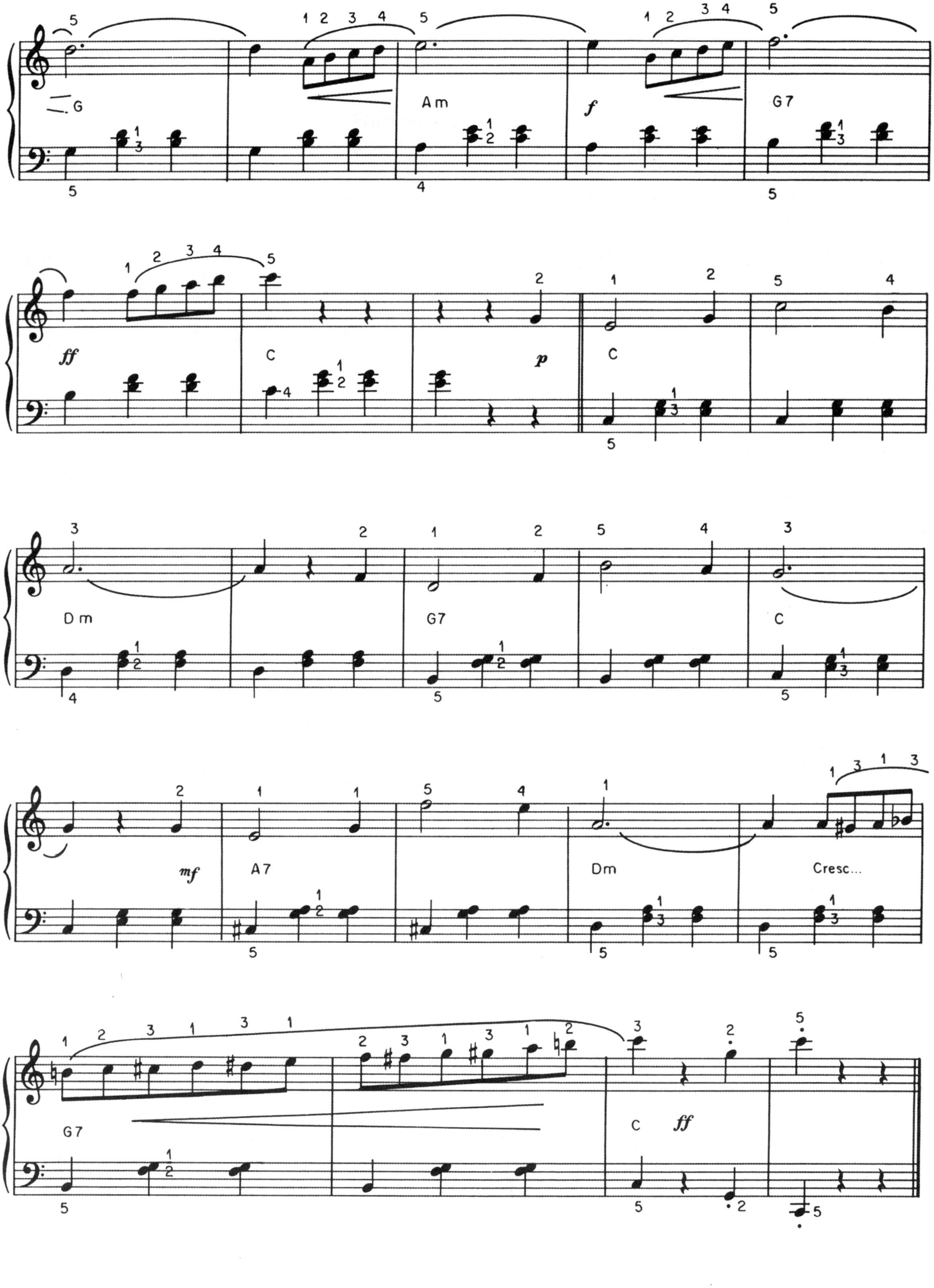
G
Am
f
G7
ff
C
p
C
Dm
G7
C
mf
A7
Dm
Cresc...
G7
C
ff

A tristeza e a alegria

(Valsinha)

MÁRIO MASCARENHAS

DINÂMICA

Quando tocamos Piano, e queremos interpretar um trecho triste e sentimental, temos que dar muita expressão à música, representando a tristeza, a saudade, etc.

Se você quer representar a alegria, então tem que transmitir a felicidade, como se estivesse muito contente e feliz. Para isto, são usadas as "palavras de expressão", tais como: Affetuoso, Appasionato, Animato, Grazioso, con Brio, etc.

Na interpretação de suas músicas, depende muito de você obedecer os "andamentos" (Largo, Lento, Andante, Moderato, Allegro, Vivace, etc.)

Também é muitíssimo importante observar os "sinais de intensidade dos sons", como Piano - *p*, Pianíssimo - *pp*, Forte - *f*, Fortíssimo - *ff*, e muitos outros mais.

Note bem: os "andamentos", os "sinais de intensidade dos sons" e as "palavras de expressão", dão o colorido à música, o que se chama: "dinâmica".

Tesoro mio

(Opus 228)

E. BECUCCI

Sol 7
p
Dó M
FIM
p
Fá M
pp
Dó 7
p
pp
Fá M
p
Ré m
Lá 7
p
Ré M
Sol m
Mi 7
Fá M
p
Dó 7
Fá M
D. C.
ao Fim

Marcha nupcial

F. MENDELSSOHN

Allegretto (♩=116)

Marcha nupcial

R. WAGNER

Valsa

JOHANNES BRAHMS

Berceuse

(Canção de Ninar)

JOHANNES BRAHMS

Valsa

(Opus 34 n° 2 - Tema)

F. CHOPIN

Andantino (♩=72)

p doloroso

cresc. — — — — — — rall.

p

cresc. — — — rall. pp

Noturno

(Opus 9 nº 2)

F. CHOPIN

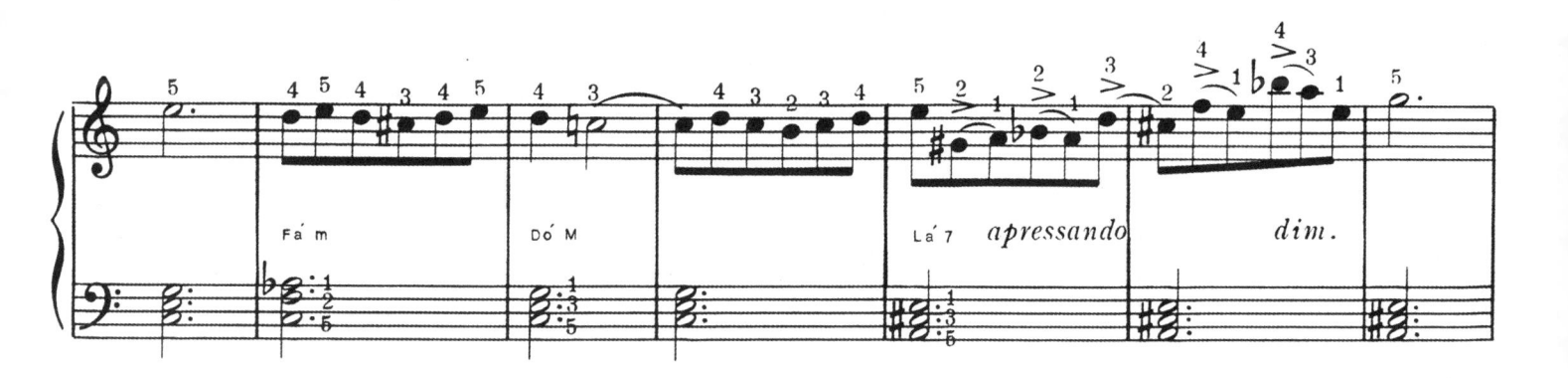

Andantino (M.M. ♩=72)

Andante contabile

P. I. TSCHAIKOWSKI

Prelúdio

(Opus 28 n° 7)

F. CHOPIN

Can-Can

(Galop Infernal d'Orphée Aux Enfers)

JACQUES OFFENBACH

mf
Sol 7
Dó M
ff
f
cresc.
Sol 7
Dó
Sol 7
Dó M
mf
Dó M
Sol 7
f
Dó M
cresc.
Dó M
Sol 7
ff
8

La donna è mobile

DA ÓPERA "RIGOLETTO" DE VERDI

Canção do toureador

(Da ópera Carmen)

GEORGES BIZET

Pour Elise

L. VAN BEETHOVEN

Esta peça foi facilitada para que o estudante possa ir familiarizando-se com as melodias e temas dos Grandes Mestres, preparando assim sua sensibilidade artística para a música erudita.

O tom em Lá Menor em que foi escrita esta peça é um pouco alto para cantar, mas o professor poderá transportar para Mi Menor, que ficará o ideal para o canto e também fácil de tocar. Ao lado, para Violão, o tom está em Mi Menor.

Bis:
Vou tentar tocar o Pour Élise — B7 Em
Para a Mamãe, para o Papai, — B7 Em
Sei que para mim é bem difícil, — Em
Vou ver se sai, vou ver se sai. — B7 Em

Quando Beethoven o foi compor — G D7
Seu coração fez tic e tac — Em B7
Tic tac tic tac tic tac
Tic tac tic tac tic tac.

III

É um prelúdio lindo que fascina — B7 Em
E faz sonhar todos que ouvem — B7 Em
Vamos pois aqui homenagear — Em
L. van Beethoven! L. van Beethoven! — B7 Em

Humoresque

ANTONÍN DVOŘÁK

poco lento e grazioso

Sol M
Dó M
Sol M
Ré 7
Sol M
Sol M
Dó M
Mi 7
dim.
Lá m
Ré 7
p
Sol M
Sol M
Dó M
Mi 7
Lá m
Ré 7
ritardando
pp
Sol M
Dó M
Sol M
Ré 7
Sol M
Dó M
Sol M
Ré 7
pp
Sol M

Serenata

FRANZ SCHUBERT

Sol M
Ré M
f
Lá 7
Ré M
Lá 7
cresc.
Fá♯ 7
Si m
p
Mi m
f
Si m
p
Sol M
Ré M
f
Lá 7
Ré M
p
dim.
Ré m
Sol m
Lá 7
Ré M
pp
Sol m
Ré M
Lá 7
Ré M
dim.
ppp

Marcha militar

FRANZ SCHUBERT

Rêverie

R. SCHUMANN

Dança Slava

ANTONÍN DVOŘÁK

Marcha Slava

P. I. TSCHAIKOWSKI

La Paloma

(Habanera)

SEBASTIÁN DE IRADIER

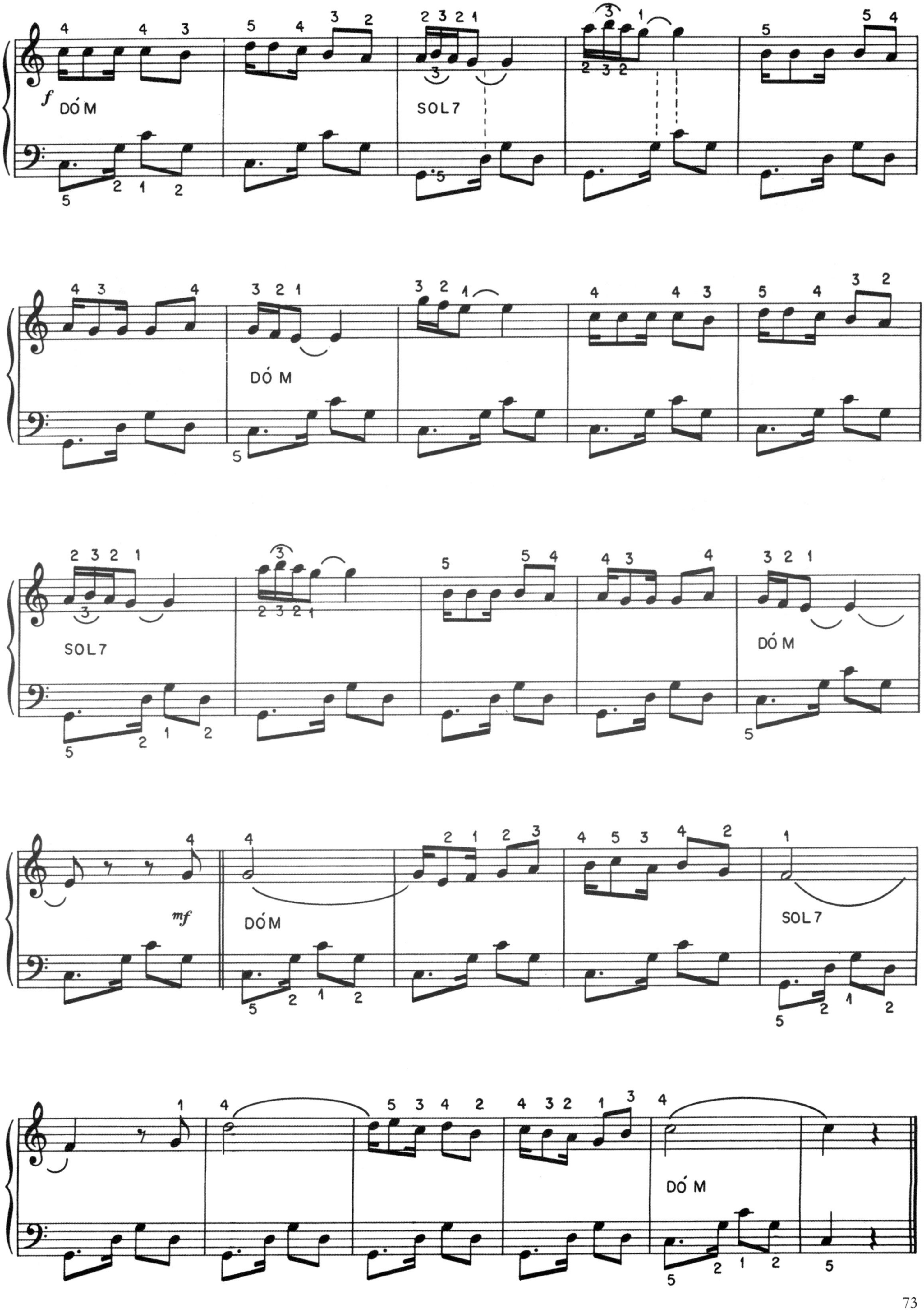
f
DÓ M
SOL7
DÓ M
SOL7
DÓ M
mf
DÓM
SOL7
DÓ M

O Bife

(Chopsticks)

DE LULLI

Caprice

NICCOLÒ PAGANINI

Greensleeves

CANÇÃO TRADICIONAL INGLESA

Tudo Floresce em Maio

(Alles neu Mecht der Mai)

CANÇÃO ALEMÃ

Ave Maria

(Meditação)

C. GOUNOD

Andantino (M.M. ♩=72)

Sol m
Dó 7
Fá M
Fá 7
cresc.
accell.
Sib M
Fá dm.
cresc. molto
Fá m
f
Sib m
dim.
p
Dó 7
Fá M
Sol m
Dó 7
Fá dm.
f
Fá M
Sol m
Dó 7
rall.
Fá M
Sib M
rall.
Fá M
pp

Nesta rua mora um anjo

FOLCLORE BRASILEIRO

Nesta rua, nesta rua mora um anjo
Que se chama, que se chama solidão.
Nesta rua, nesta rua mora um anjo
Que roubou, que roubou meu coração.

Se esta rua, se esta rua fosse minha
Eu mandava, eu mandava ladrilhar
Com pedrinhas, com pedrinhas de brilhantes
Para o meu, para o meu amor passar.

Dança dos pequenos cisnes

P. I. TSCHAIKOWSKI

Rêve D'amour

(Noturno N°3)

F. LISZT

Andantino (♩=72)

Mi M
ff
Dó#m
mf
Láb M
Fá m
Sol M
Fá m
piu moto
Sol M
Fá m
Sol M
Fá m
dim.
rall.
ad lib.
p
a tempo
Dó M
Mi 7
Lá 7
mf
Ré 7
súbito p
Sol 7
rall. molto
pp
Dó M
m. e.

Clair de lune

CLAUDE DEBUSSY

Esta música deve ser tocada muito lenta, calma, piano e pianíssimo do princípio ao fim (não corra!).
Para que você interprete bem esta linda peça musical, tem que se concentrar muito antes de tocá-la.
"Faz de conta" que você está a beira do mar tranquilo, numa praia ou num rochedo, sob a luz do luar!
Não é bonito?

Allegro

W. A. MOZART

O regato

(The Brook)

FRANZ SCHUBERT

Santa Lucia

(Canção Napolitana)

FOLCLORE ITALIANO

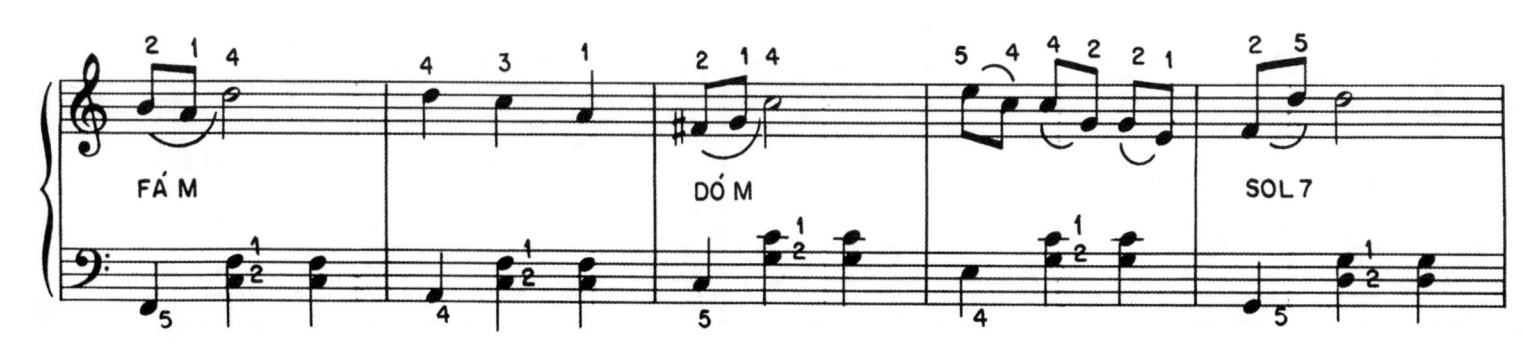

DÓ M
mf
FÁ M
DÓ M
SOL 7
DÓ M
p DÓ M
SOL7
DÓ M
SOL7
DÓ M
mf
SOL7
DÓ M
SOL 7
DÓ M

Marcha triunfal

(Da Ópera Aida)

G. VERDI

Old French Song

(Velha Canção Francesa)

P. I. TSCHAIKOWSKI

Traviata

(Valsa do Brinde)

G. VERDI

SOL 7
DÓ M
FÁ M
MI m
SI 7
rall.
MI m
SOL 7
mf
DÓ M
SOL 7
DÓ M
f FÁ M
DÓ M
SOL 7
DÓ M

Tristesse

(Tristeza)

F. CHOPIN

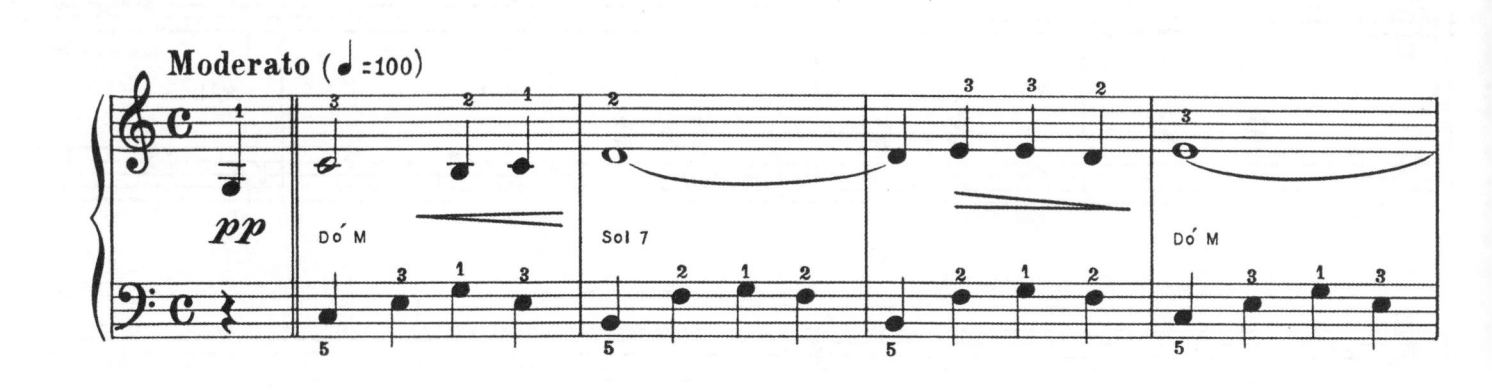

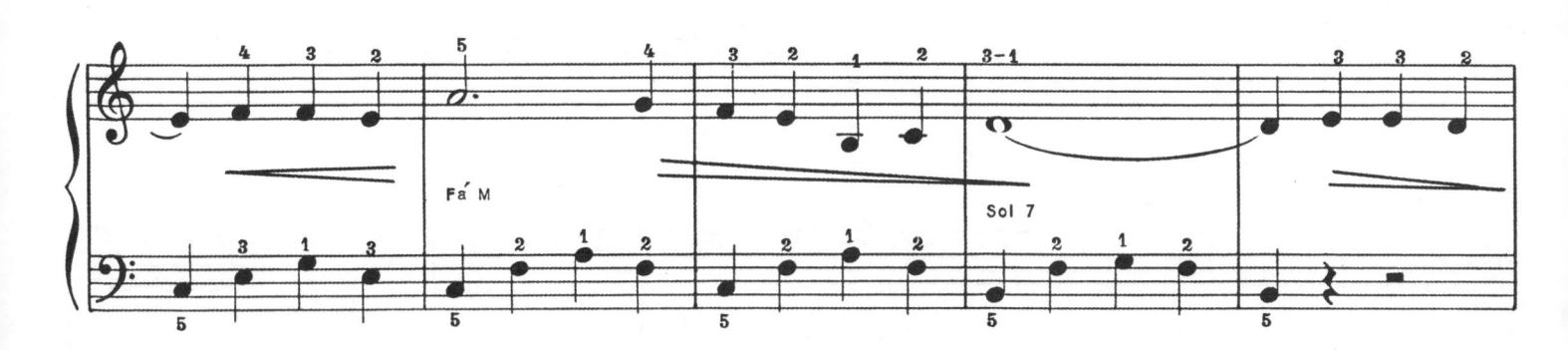

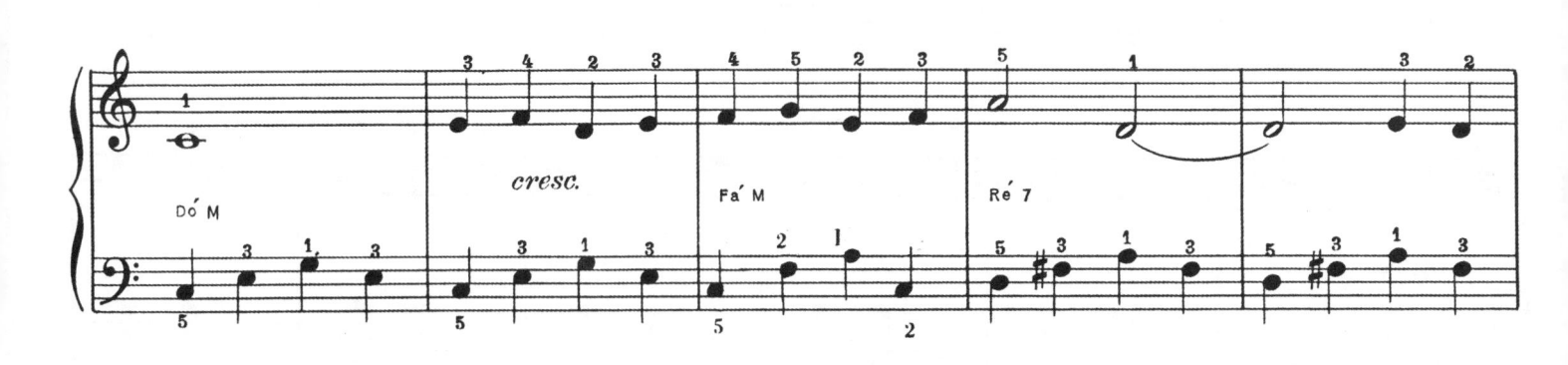

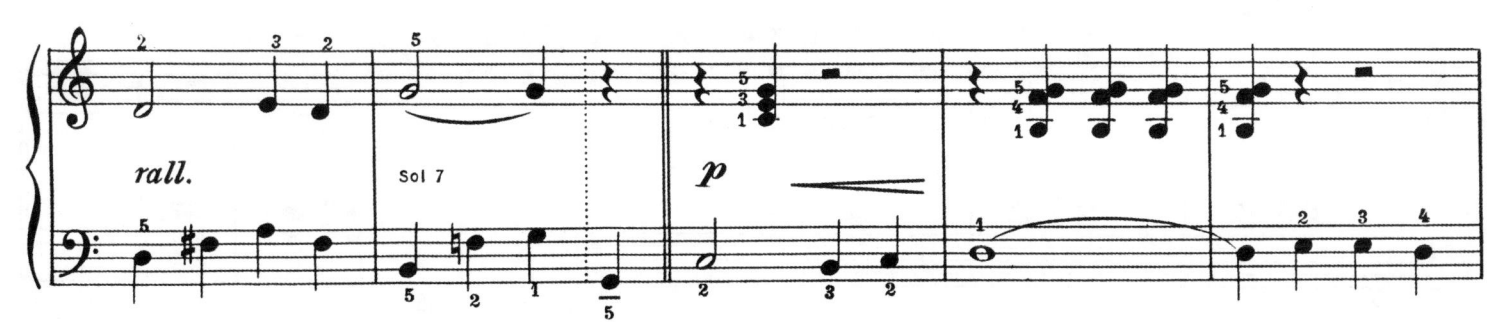

cresc.
Do´M
Do´7
Fa´M
Mi 7
La´m
Re´7
Sol 7
Do´M
f
f
Sol 7
p
La´m
Do´M
Fa´M
Do´M
Fa´m
Do´M
Fa´m
Do´M
pp
Do´ M

Habanera

(Da Ópera Carmen)

G. BIZET

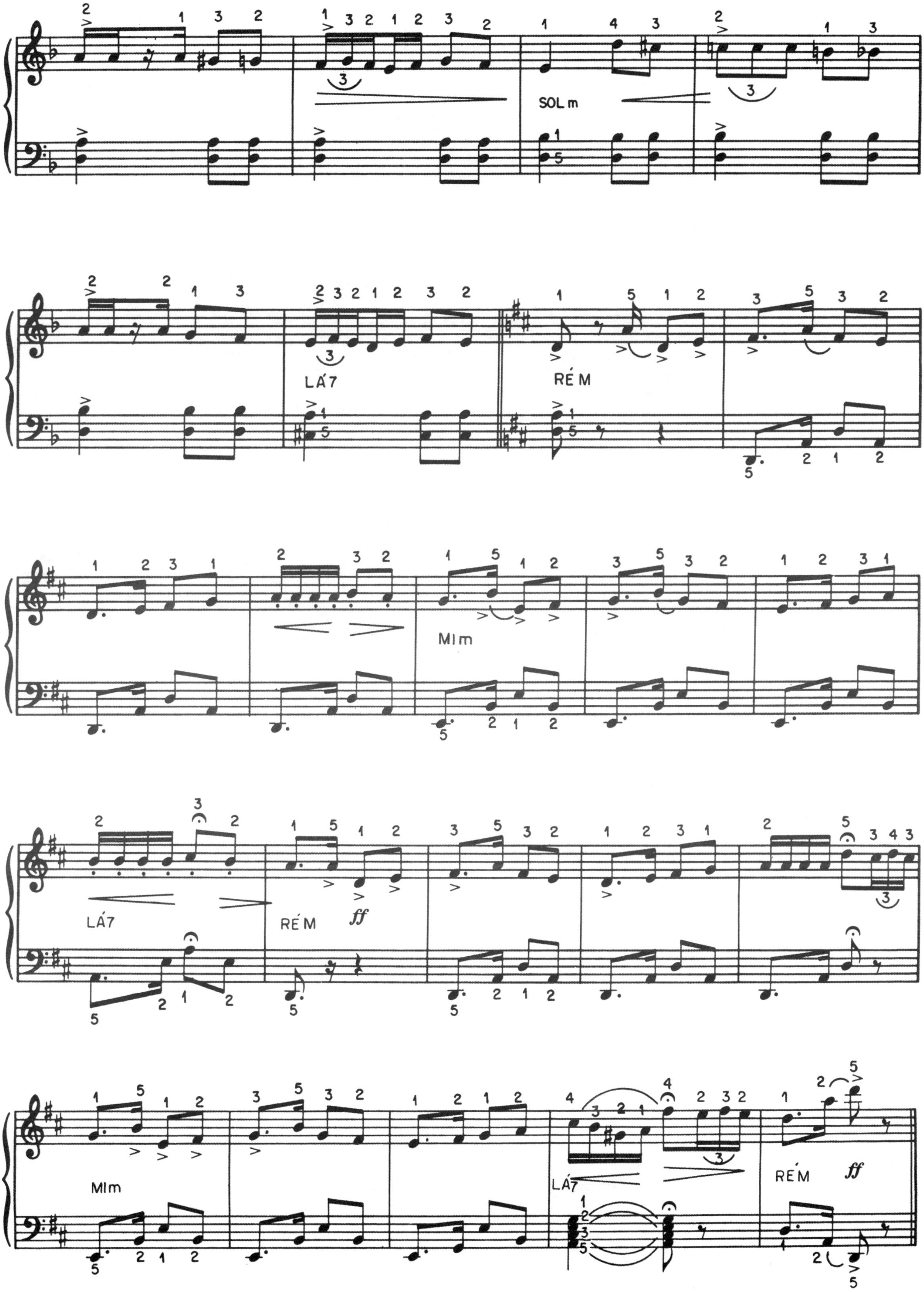
SOL m
LÁ7
RÉ M
MI m
LÁ7
RÉ M
ff
MI m
LÁ7
RÉ M
ff

Marcha Turca

W. A. MOZART

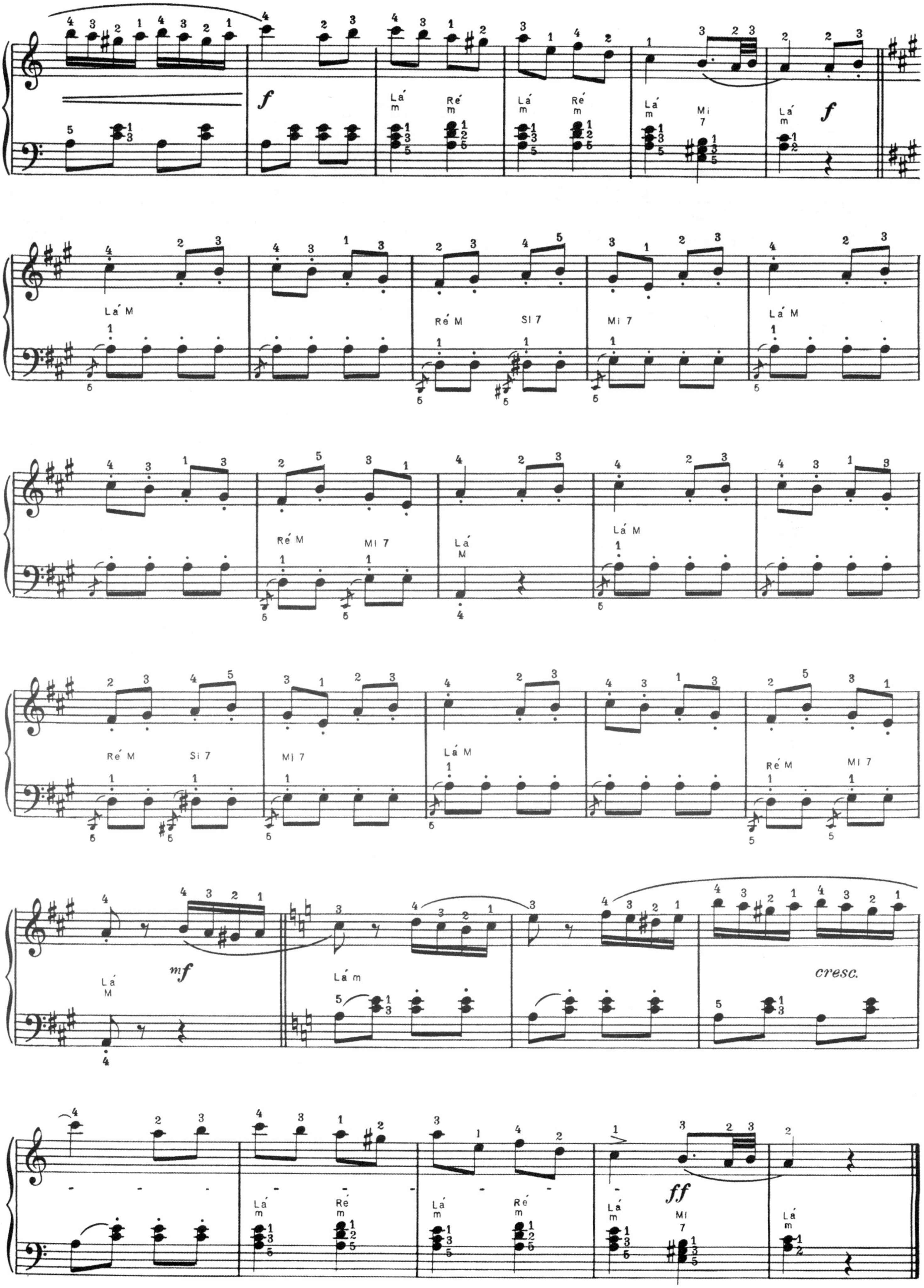
Lá m
Ré m
Mi 7
Lá M
Ré M
Si 7
f
mf
cresc.
ff

Recordações da Infância

(Canção)

MÁRIO MASCARENHAS

I

Am
Me lembro quando era criança
F   **Am**
Corria pelo campo em flor
Dm   **Am**
Brincava com as borboletas
       F7   **E7**
E depois corria atrás do Beija-Flor.

Am
Gostava de soltar a pipa
F   **Am**
Jogava bola no quintal
Dm   **Am**
Gostava de pescar no rio
      E7   **Am**
E de chupar cana no canavial.

Estribilho

G7   **C**
Banhava feliz na cachoeira
E7   **Am**
Voltava cantando pelos caminhos,
F   **D/F#**   **C**
Trazendo na mão meu chapeuzinho
    Fm   **G7** **C**
Bem cheio de moranguinhos.

II

Am
Trepava lá no cajueiro
F   **Am**
Montava no meu cavalinho,
Dm   **Am**
Saía com meu alçapão
       F7   **E7**
Pra tentar pegar um lindo passarinho.

Am
Jogava bolinha de gude
F   **Am**
Agora já não jogo não
Dm   **Am**
Só vivo a curtir saudade
         E7   **Am**
Uma saudade louca no meu coração.

España

(Jota)

ÉMILE WALDTEUFEL

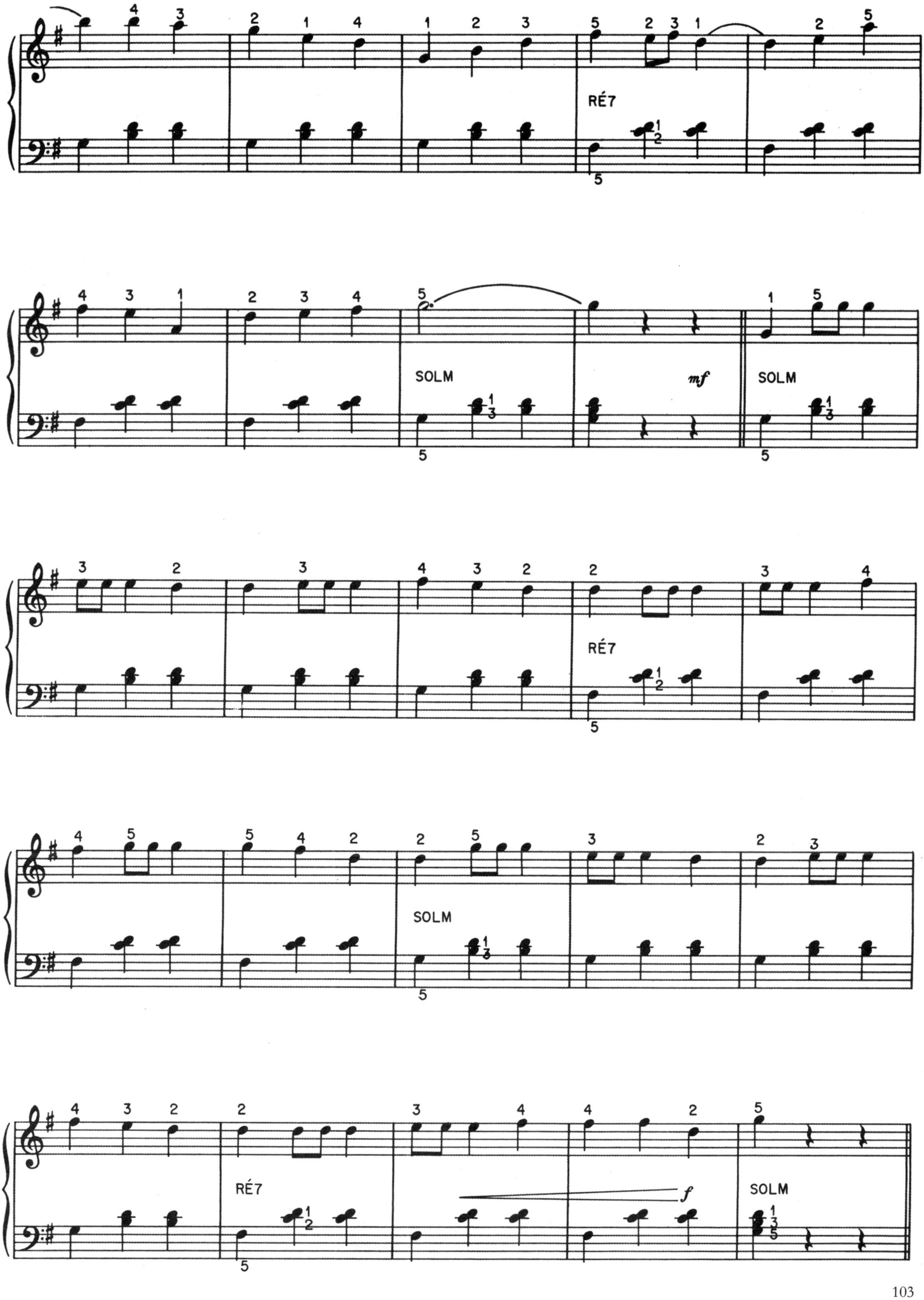
RÉ7
SOLM
mf
SOLM
RÉ7
SOLM
RÉ7
f
SOLM

O Guarani

A. CARLOS GOMES

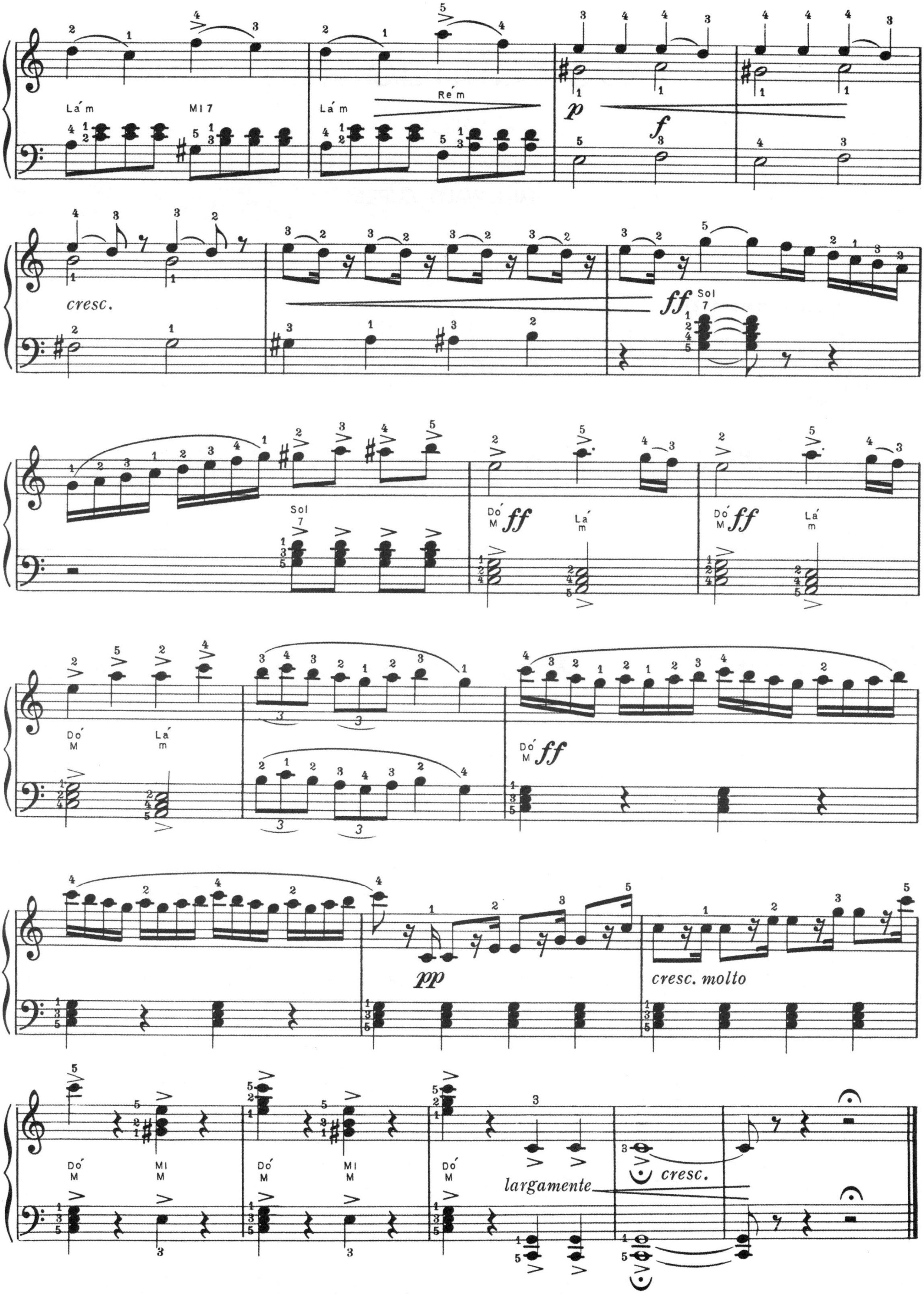

La m
MI 7
Re m
cresc.
Sol 7
cresc. molto
Do M
MI M
largamente

Os Patinadores

(Valsa)

ÉMILE WALDTEUFEL

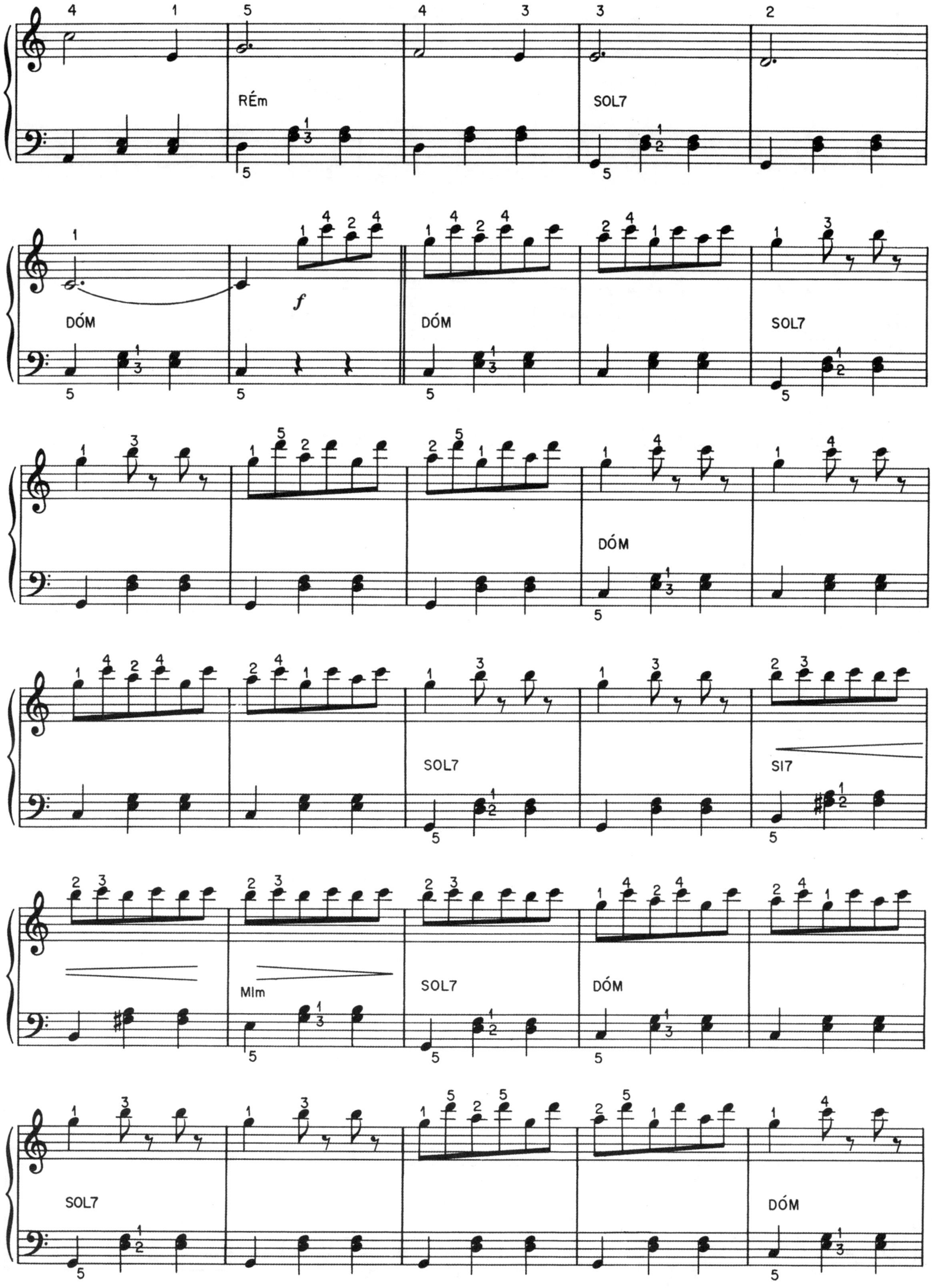
RÉm
SOL7
DÓM
f
DÓM
SOL7
DÓM
SOL7
SI7
MIm
SOL7
DÓM
SOL7
DÓM

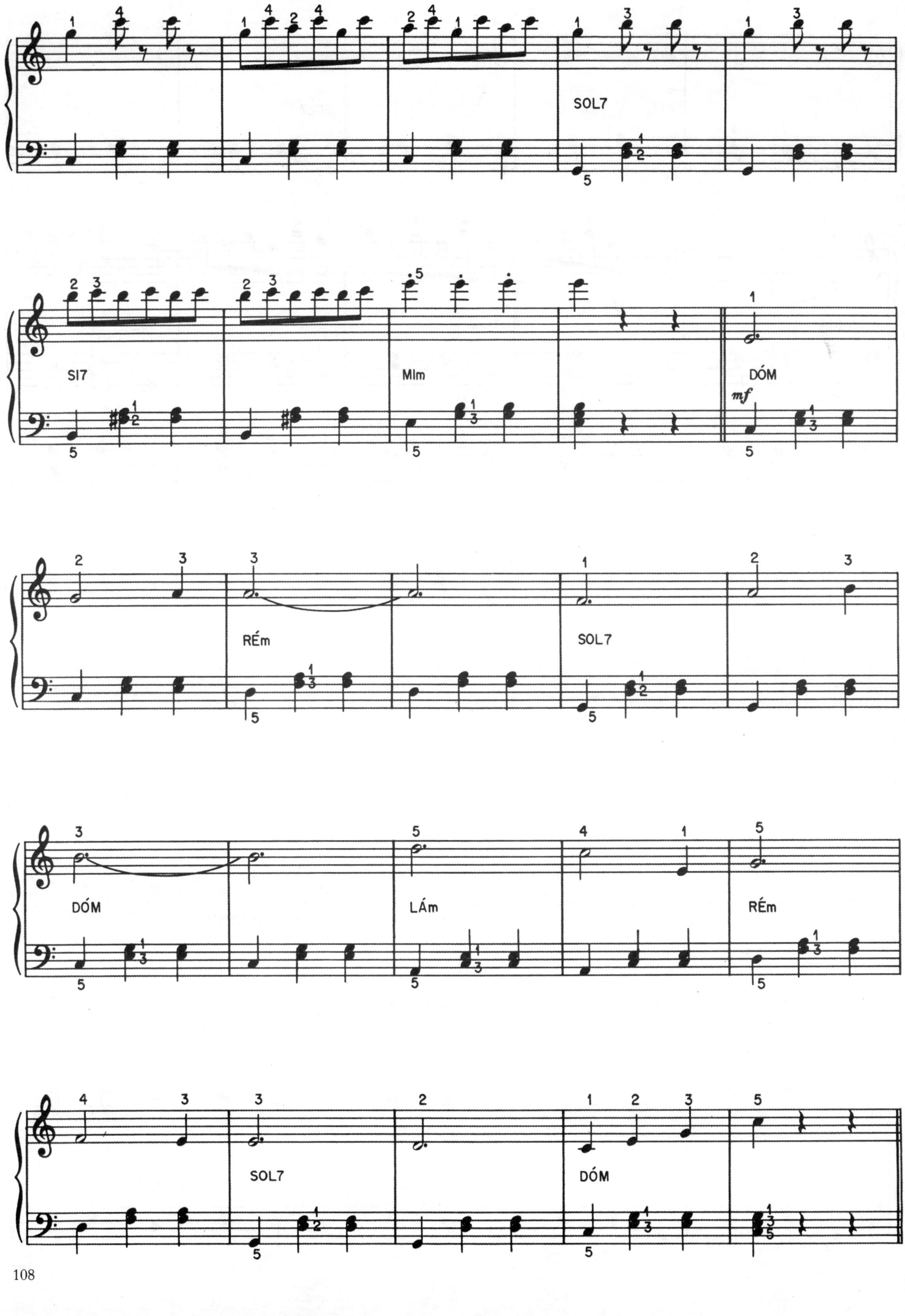
SOL7
SI7
MIm
DÓM
mf
RÉm
SOL7
DÓM
LÁm
RÉm
SOL7
DÓM